Такође од Шри Даја Мате

Only Love:
Living the Spiritual Life in a Changing World

Finding the Joy Within You:
Personal Counsel for God-Centered Living

Intuition:
Soul-Guidance for Life's Decisions

Уђите У Тихо Срце

Стварање односа
љубави
са Богом

Шри Даја Мата

О ОВОЈ КЊИЗИ: *Уђите у Тихо Срце* је компилација извода из говора и писама Шри Даја Мате. Говори су дани током неформалних окупљања у Америци и у Индији на којима је говорила о различитим аспектима духовног живота. Они су раније објављени у часопису *Self-Realization*, као и у две антологије, *Only Love* (1976.) и *Finding the Joy Within You* (1990.).

Наслов оригинала на енглеском језику у издању
Self-Realization Fellowship, Лос Анђелес (Калифорнија):
Enter the Quiet Heart

ISBN: 978-0-87612-175-7

Превод на српски језик: Self-Realization Fellowship

Copyright © 2025 Self-Realization Fellowship

Сва права задржана. Осим кратких цитата у критичким освртима на књигу, ниједан део књиге *Уђите у тихо срце (Enter the Quiet Heart)* не сме да се репродукује, чува, преноси, нити приказује ни у којем облику, као ни на било који начин (електронски, механички, нити било који други) који је досад познат или ће се тек измислити —укључујући фотокопирање, снимање или било какав систем похрањивања и приступа информацијама—без претходног писменог одобрења од Self-Realization Fellowship, 3880 San Rafael Avenue, Los Angeles, California 90065-3219, U.S.A.

 Одобрио Међународни издавачки одбор друштва
Self-Realization Fellowship

Име друштва Self-Realization Fellowship и његов амблем (приказан горе) појављују се на свим књигама, аудио, видео и осталим издањима SRF-а, чиме читаоцу гарантују да је ово дело потекло од стране друштва које је основао Парамаханса Јогананда и да као такво верно преноси његова учења.

Прво издање на српском, 2025.
First edition in Serbian, 2025
Ово издање, 2025.
This printing, 2025

ISBN: 978-1-68568-235-4

1545-J8699

*Давати љубав свима,
осећати љубав Божију,
видети Његово присуство у свакоме...
то је начин да се живи у овом свету.*
— *Парамаханса Јогананда*

Предговор

Свако људско биће чезне за љубављу. Од детињства, то је била огромна жеља мог срца; за мене, не постоји смисао живота без љубави. Али сам имала утисак да никада не бих могла да будем задовољна несавршеном љубављу. Љубав која би ме задовољила била је безусловна љубав, љубав која ме никада не би разочарала. Мој разум ми је говорио да у тражењу савршене љубави морам ићи до самог Извора; морам ићи до Онога који је једини способан да пружи такву љубав. Тако је почела моја потрага за Богом.

Била сам девојка од седамнаест година када

ме је, 1931. године моја потрага довела до сусрета који ми је заувек променио живот. Имала сам срећу да присуствујем низу предавања одржаних у мом родном граду Салт Лејк Ситију од стране великог Божјег човека, Парамахансе Јогананде*. Током година које су уследиле, од њега сам научила пут до потпуног испуњења животне чежње мога срца: савршене љубави, Божанске љубави – свеопште љубави доживљене у заједници са Вечним Вољеним душа наших.

Током мојих путовања по целом свету, толико пуно људи ме је питало: „Како да нађем већи смисао у свом животу? Има ли одговора на празнину, неизражену чежњу, које осећам у мом срцу? Где је љубав која ми недостаје?"

Ово је, у суштини, оно шта им ја кажем.

---

* Види страну 122, „Парамаханса Јогананда".

Уђите у Тихо Срце

Каква огромна љубав, какав умирујући мир, каква опојна радост те чека у мирној дубини твога бића. Ту се налази Божанско.

Када призивамо Бога из тихог средишта срца – са једноставном, искреном жељом да Га знамо и осетимо Његову љубав – непогрешиво добијамо Његов одговор. То слатко присуство Божанског Вољеног постаје наша врховна Реалност. Доноси потпуно испуњење. Трансформише наше животе.

Бог је уточиште мира, љубави, одмора и разумевања из којег можемо прикупити снагу која нам је потребна да се носимо са бескрајним захтевима живота.

Унутар сваког од нас налази се храм тишине који не дозвољава уплитање световних немира. Шта год да се дешава око нас, када уђемо у ту светињу тишине у нашим душама, осећамо благословено присуство Божије и примамо Његов мир и снагу.

Нека вам ум почива стално, или што је чешће могуће, у мисли о Богу. Из те мисли црпимо снагу, мудрост, ту велику љубав за којом чезну наше душе. Будите ментално усидрени у ономе што је једино непромењиво у овом променљивом свету: Богу.

Ако скенирамо своје унутрашње ја, наћи ћемо чежњу, жудњу, потребу за неком врстом љубави која ће нас обузети потпуним испуњењем; и за потпуном сигурношћу коју ништа на овом свету не може пружити – ни новац ни здравље, ни било какво интелектуално разумевање.

У Богу лежи сигурност и врхунско испуњење за којим чезнемо. Ништа на земљи не може бити једнако радости слатког, чистог, љубавног односа између душе и њеног вољеног Бога.

Цео свет може да нас разочара или да нас напусти, али ако смо успоставили слатки и нежни унутрашњи однос са Богом, никада се нећемо осећати сами или напуштени. Увек постоји тај Неко поред нас – прави Пријатељ, права Љубав, права Мајка или Отац. У ком год аспекту замислите Божанско, Бог се тако манифестује вама.

Када прво одемо к Њему, како слатко Он испуњава наш живот и душу. Сада када погледам унутра и запитам се да ли постоји нешто за чим моја душа жуди, увек дође одговор: Не постоји ништа што ми недостаје; моја душа је испуњена у мом вољеном Богу.

Само Бог може испунити наше најдубље потребе...

Једном када човек ово схвати, тражиће начине да се приближи Богу. Пракса коју сам следила је једноставна, пре свега, чежња за Богом; а затим неговање личног односа са Њим кроз преданост.

Да бисте имали интимни однос са Богом, морате да Га упознате. Ако би неко од вас затражио да волите некога кога не познајете, било би вам тешко да то учините – чак иако вам се каже о дивним особинама те особе. Али ако бисте срели ту особу и провели неко време са њом, почели бисте да је упознајете, затим да вам се допада, а затим да је волите. То је пут који треба следити у развијању љубави према Богу.

Питање је, *како* Га упознати? Ту долази медитација. Сви свети списи охрабрују појединца који тражи Бога, који жели да Га упозна, да седи тихо и разговара са Њим.

У нашим учењима практикујемо технике медитације, као и певање и молитву да бисмо то постигли. Неки метод је неопходан. Не можете Га упознати читајући књигу о Божанској радости или љубави. Иако духовни списи инспиришу жар и веру, они не дају крајњи резултат. Нити га даје пуко слушање предавања о Богу. Морате седети тихо у дубокој медитацији, макар и на само неколико тренутака сваког дана, одвајајући ум од свега осталог и фокусирајући га само на Бога. Тиме Га постепено упознајете; а упознавши Га, не можете а да Га не волите.

Сачувајте у својој души несметано место где свакодневно можете ићи да будете у тишини са Њим.

Током дана имамо безброј могућности да усмеримо ум ка унутра, макар то било само на тренутак, и разговарамо са Богом.

Када бисте макар десет минута дневно дубоко разговарали са Богом, искључујући било коју другу мисао осим Њега, видели бисте огромну промену у свом животу. Не сумњајте у то.

Нису преко потребне дуге молитве Божанском да дотакну Његово срце. Само једна мисао која се понављано изражава из дубине душе доноси значајан одговор од Бога.

Не волим чак ни да користим реч *молитва* која као да сугерише формално, једнострано обраћање Богу. За мене је разговор са Богом, причање са Њим као са блиским пријатељем природнији, личнији и делотворнији облик молитве.

Који је најлакши начин да освојите некога? Не кроз разум; већ кроз љубав. Дакле, логичан начин да се освоји Божански Пријатељ јесте да Га волите.

Вашем детету, жени, мужу или родитељима лако кажете: „Волим те". И не стидите се због тога. На исти начин, тако је једноставно ући унутар себе, затворити врата те мале капеле у срцу и рећи: „Волим Те, Боже".

Преданост је најједноставнији начин да привучете пажњу Бога.

Када ми појединци дођу и кажу: „Не знам како да волим Бога; не знам како да разговарам са Њим", ја им кажем: „Баш као што сада разговарате са мном, као што отварате своје срце сада мени, нека вам пређе у навику да то чините са Богом." Невероватно је како Бог одговара на једноставну искреност оваквог односа са Њим.

Искреност је сам темељ односа душе са Богом. То значи да можете да одете Богу и разговарате са Њим отворено и интимно, најједноставнијим језиком свог срца: „Помози ми, Господе".

Не би требало да се скривамо иза лажне побожности кад се молимо. То не импресионира Бога. Занима Га оно што спонтано извире из наших срца.

За мене, најлакши начин да добијем одговор од Бога је да Га у себи призовем свим својим срцем: „Љубави моја, љубави моја". Морате то да наставите да говорите, чак иако то у почетку не осећате. Једног дана ћете то стварно да мислите. „Мој Боже, мој Боже; мој Господе, мој Господе. То си све Ти, Ти." Ништа друго не мора да се каже.

Вежбајте технике медитације док не постанете мирни и усредсређени унутра у себи. Затим узмите једну мисао и наставите да је понављате изнова и изнова и изнова, искључујући сваку другу мисао: „Волим Те, Господе. Желим Те; само Ти, само Ти, само Ти, Боже мој." Ох! Како је слатко тако разговарати са Богом језиком свог срца. Тако откривате шта је права љубав. Откривате шта је права радост.

Поклоник долази у то стање, током и на крају медитације, у коме се његове мисли изражавају на веома једноставан начин... Постоји само тај искрени израз из срца, ума и душе: „Немам ништа да питам, Господе. Немам ништа да тражим. Немам ништа да кажем осим да Те волим. И не желим ништа осим да уживам у овој љубави, да је чувам, да је привијем уз своју душу и да испијам из ње увек. Не постоји ништа на свету – никаква моћ ума, никаква жудња чула која одвлачи моје мисли од овог признања моје љубави према Теби."

Навику унутрашњег разговора са Богом и љубави према Њему треба да гаје не само они који живе монашким животом, већ и они који живе у свету. То се може постићи. Потребно је само мало труда. Све навике које сте до сада развили су радње које сте редовно изводили, било физички или ментално, све док вам нису постале друга природа. Али морали сте некада да почнете да стварате те навике. Сада је време да започнете те врсте радњи и мисли које развијају навику тихог разговора са Богом.

Једноставно реците Богу својим речима – тихо, да нико други не чује – да Га волите. Реците му када седите у тихој медитацији. Реците му када сте на прометној улици, или за својим канцеларијским столом: „Волим Те, Боже. Волим Те, мој Господе." Нека вам ово буде последња мисао пре него што заспите. Пробајте вечерас. Тако је леп осећај, највећа радост. Док полако тонете у сан, како ваша душа почиње да улази у стање мировања, нека ваш ум нежно, слатко, тихо пева: „Господе мој, Господе мој, Љубави моја, Љубави моја, Боже мој".

Када се осећате тужно и када се осећате срећно; када се не осећате добро и када сте оснажени и пуни енергијом; када ствари крену наопако и када ствари иду како треба, током свих ових времена нека постоји тихи, постојани ток једне мисли: „Боже мој, волим Те." И реците то од срца.

Колико живот постаје слађи, колико лепши, када употребу чула повезујем са Богом. Могу да погледам душе и кажем: „Моји пријатељи, волим их." Могу да погледам птице и дрвеће и кажем: „Волим их." Али ја знам: „Ти си тај кога волим, мој Господе. Ти си ми дао очи којима могу да видим лепоту у свему и свакоме кога Си створио."

Када видим људе чији су умови узнемирени толиким проблемима – фрустрацијама, несрећама, разочарењима – срце ме боли за њих. Зашто су људска бића мучена таквим искуствима? Из једног разлога: заборав на Божанско одакле су дошли. Ако једном схватите да је недостатак у вашем животу један, Бог, а затим кренете да отклоните тај недостатак тако што ћете настојати да се испуните свешћу о Богу у свакодневној медитацији, доћи ће време када ћете бити тако потпуни, тако испуњени да вас ништа неће моћи поколебати или узнемирити.

Чак и у оним тренуцима када у срцу не осећате ништа, трудите се да осетите љубав према Њему. То мора постати начин живота; не само неколико минута или сати дневно, и не само неколико година, већ кроз све тренутке ваших преосталих дана. Тада ћете наћи на крају пута да вас тамо чека Божански Вољени.

Сваки дан на путу може бити дан радости, ведрине, храбрости, снаге и љубави када непрестано разговарате са Богом језиком свога срца.

Већина људи одустаје јер мисле да Бог не одговара; али Он обзнањује своје присуство у своје време и на свој начин. Један од проблема је што заборављамо да слушамо! Слушање је део разговора са Богом. Као што Свето Писмо каже: „Утолите и познајте да сам ја Бог".

Људи ми долазе, овде и у иностранству, и питају: „Како је могуће да седиш непомично у медитацији толико сати? Шта радиш у тим периодима тишине?" Јогији древне Индије развили су науку религије. Открили су да је одређеним научним техникама могуће толико умирити ум да нема мрешка немирних мисли које би га узнемириле или омеле. У том чистом језеру свести видимо у себи рефлектовану слику Божанског.

Божанско је увек ту. Није да Он изненада долази са неке тачке у свемиру и приближава се нама. Он је увек са нама, али ми то не знамо јер наши умови нису са Њим. Дозвољавамо расположењу, емоционалним турбуленцијама, преосетљивим осећањима, бесу и погрешном разумевању које произлази из тога, да толико узнемири и замагли нашу перцепцију да остајемо несвесни Његовог присуства.

Свето Писмо каже да смо створени по слици Божијој. Ако је тако, зашто не знамо да смо неокаљани и бесмртни, као што је Он? Зашто нисмо свесни себе као отеловљења Његовог духа?...

Опет, шта каже Свето Писмо? „Утолите и познајте да сам ја Бог". „Молите се Богу без престанка."

Редовним вежбањем јога медитације са постојаном пажњом, доћи ће време када ћете одједном себи рећи: „Ох! Ја нисам ово тело, иако га користим да комуницирам са овим светом; ја нисам овај ум, са његовим емоцијама љутње, љубоморе, мржње, похлепе, немира. Ја сам то дивно унутрашње стање свести. Ја сам створен по Божанској слици блаженства и љубави Божије."

Поклоници који живе у свести Бога откривају да су увек усредсређени на Њега, да се ум стално окреће око неког аспекта Божанског: Мој Бог, мој Отац, моја Мајка, мој пријатељ, мој Вољени, мој сопствени.

Развијте личнији однос са Богом гледајући на себе као на Његово дете, или као на Његовог пријатеља, или као на Његовог поклоника. Требало би да уживамо у животу са свешћу да своја искуства делимо са тим Неким ко је изузетно љубазан, пун разумевања и љубави.

Већина људи уопште не зна и не разуме концепт шта је Бог. За многе, Бог је само име. Неки мисле да Он има облик; други верују да је безобличан. Сулудо је мислити да Он мора имати облик или бити без облика: Он је обоје. Божја природа је неограничена: Он је „све за све људе". Сваки поклоник може са правом да негује свој сопствени концепт Бога, оно што му се највише допада.

Важна поента је да врста мисли у коју облачите Бесконачно треба да буде концепт који у вама буди преданост.

Ако вам је читава идеја личног Бога незамислива, онда одбаците сваки облик. Концентришите се на бесконачно блаженство, бесконачну интелигенцију, свеприсутну свест, ако вам је то прихватљивије.

Неко ми је дошао и рекао: „Мислим да је немогуће мислити о Богу као Оцу. Не могу да следим религију која наглашава важност љубави и молитве Богу као Оцу."

Упитах: „Зашто те то узнемирава? Бог је у свему. Шта мислиш шта је Он?" Он је одговорио: „Ја мислим о Богу као о Мајци". Рекох му: „Тражи Бога у облику Мајке. Размишљај о Бесконачном у том светлу. Једног дана ћеш доћи до спознаје да је Бог изван сваке форме, али да се такође манифестује кроз безброј облика."

По мени, Бог је без облика, бесконачна Љубав. Понекад мислим на ту Љубав као на свог вољеног, понекад као на своју Божанску Мајку, а понекад једноставно као на Љубав. Концепт безобличности није тешко разумети ако се сетите да ни ви немате облик. Баш као што је струја затворена у сијалици, али струја није сијалица, тако сте ви, душа, затворени у сијалици тела, али нисте то тело. Кад будете схватили да је Бог у свим стварима, моћи ћете да постанете на божански начин опијени самим размишљањем о Њему у било којем од Његових аспеката.

Не мислите о Богу као о речи, или као о странцу, или као о некоме на висини који чека да вас осуди и казни. Мислите о Њему онако како бисте желели да о вама мисле да сте Бог.

Не постоји апсолутно ништа што можемо да урадимо што би довело до тога да нас Бог напусти. Никада се неће одвратити од нас.

Не морамо бити савршени пре него што нас Бог заволи. Он нас сада воли, упркос свим нашим манама и слабостима.

Једна од наших великих слабости је то што се бојимо Бога. Плашимо се да пред Њим препознамо ствари које нас дубоко муче у нашим душама, у нашим срцима, у нашој савести. Али то је погрешно. Божански вољени је први коме треба да идете са сваким проблемом који имате... Зашто? Јер много пре него што и ви препознате своје слабости, Бог их познаје. Не говорите Му ништа ново. Само постоји дивно ослобађање за душу када се можете растеретити, отворивши своје срце Богу.

„Господе мој, усуђујем се да Ти поставим било које питање. Никада се не осећам стидљиво или постићено, јер ти си мој Вољени. Ти знаш једноставност моје душе. Ти разумеш моју чежњу за разумевањем и мудрошћу. Ти ме видиш са мојим добрим квалитетима и са свим манама које још нисам успела да одбацим. Ти ме не кажњаваш због мана које су се окупиле око чистоте моје душе; помози ми. Ја не покушавам да сакријем моје несавршености од Тебе, мој Господе. Долазим к Теби у понизности, у преданости, у једноставности, са поверењем попут детета, молећи Те да ми помогнеш. И наставићу да Те молим за помоћ, све док не одговориш. Никада нећу одустати."

Господ нас не осуђује када посрнемо, тако да не треба превише да критикујемо себе. Уместо тога, волите Бога више. Толико Га волите да вас ваше мане не могу застрашити, не могу вас спречити да трчите к Њему.

Бог одговара, не нужно према нашим заслугама, већ према дубини наше чежње за Њим.

Упутите Богу само једну мисао искрене љубави и чежње и Он одговара: „Дете моје, један тихи зов из дубине твоје душе, и ту сам у трену."

У свом односу са Богом, волим да мислим о том Божанском у аспекту Мајке. Очева љубав је често условљена разумом и заслугом детета. Али мајчина љубав је безусловна; што се њеног детета тиче, она је сва љубав, саосећање и опрост... Можемо приступити аспекту Мајке као дете и примити Њену љубав као своју, без обзира на наше заслуге.

Однос са Богом као Мајком је тако сладак. Мајка воли, прашта и одана је свом детету, без обзира на његове грешке. Тако Бог пази на сваку душу. Божанска Мајка се пажљиво брине за наше благостање и радује се нашој срећи. Ко је жељнији да буде са дететом, да му пружи утеху и радост од мајке? Запамтите ову истину када призивате Бога у тихим дубинама медитације.

Способност да волите чисто и безусловно долази из медитације, из љубави према Богу и тихог разговора са Њим језиком вашег срца. Мислим да не постоји тренутак у мом животу кад не разговарам са Њим. Не бринем о томе да ли Он разговара са мном или не. Можда је чудно што тако мислим. Али ја само знам каква радост долази из унутрашњег разговора са Богом, и онда изненада осетим велики налет божанске љубави, блаженства или мудрости која се излива кроз моју свест. Тада знам: „Ах, Божанска Мајко, ти си та која даје оно што тражим у овом животу".

Када вам дође било какво добро, прво га поделите са Богом. Када дође нека невоља, дајте је Богу и замолите Његову помоћ. Када нешто не разумете, поделите то са Богом; разговарајте о томе са Њим и молите се за вођство и исправно разумевање. Другим речима, повежите се са Богом за све у свом животу.

У сваком људском срцу постоји празнина коју само Бог може испунити. Нека вам буде приоритет да пронађете Бога.

Сетите се Њега. Он вас толико воли.

Научите да волите Бога дубоко. Ако не знате како, онда се непрестано молите: „Боже, научи ме да Те волим.... Дај ми љубав. Стојим пред Тобом са свим својим фрустрацијама, мукама, тугама и разочарењима, жудећи за разумевањем... Научи ме шта је љубав". Доћи ће време када је ум толико потпуно смирен у Божијем блаженом присуству унутра да само помен Његовог имена једном доноси ту љубав.

Морамо бити искрени са Богом. Каква је корист рећи: „Господе, волим те", ако је ум усмерен на нешто друго? Али узмите Божије име и изговорите га само једном са чистом љубављу и изнова понављајте са све дубљом чежњом и концентрацијом, и то ће променити ваш живот.

Ако док разговарам са некима од вас, гледам око себе у све остале у просторији, или на сат, или у оно што се дешава напољу, помислићете: „Шта је ово? Њене речи су упућене мени, али њена пажња је негде другде. Она није заинтересована за мене." Тако ми чинимо да се Божанско осећа због наше непажње.

Бог вам је близак онолико колико Му ваша мисао допусти да буде.

Ако верујемо да је Бог удаљен само једну мисао, и да је увек с љубављу пажљив према нама, колико бисмо се чешће обраћали Њему и радовали се Његовом друштву.

Како само трчимо Њему када нам се у животу деси нека несрећа! Не чекајте то. Тихи позив из срца Божанском донеће Његов слатки одговор.

Када би свако од вас, од данас па надаље, стекао навику да практикује то тихо заједништво и разговор са Богом, верно чекајући и слушајући, видели бисте како Он одговара на позив вашег срца. Не може бити другачије. Он одговара чак и усред активности.

Будите свеснији тог унутрашњег света, где можете ходати са Богом и разговарати са Богом, и чути Његово тихо уверавање да сте Његови. Овај блажени однос са Богом не може доћи ни на који други начин осим учењем да боравимо више унутра, у „унутрашњем замку" о коме је говорила света Тереза.

Када је ваша чежња за Богом искрена и свесрдна, у тренутку када уђете унутар себе, и у тишини изговорите име Божанског вољеног, ваше срце буде преплављено радошћу и љубављу. То је оно што сви желимо. Ниједна реч не може описати ову радост, ову неодољиву љубав. Разумем колико је лако свецима да проведу цео живот поштујући завет ћутања, јер постоји толико блаженог разговора између Бога и Његових правих поклоника. Свеци више воле да не говоре пуно, да не би експлодирајуће бомбе њихових речи угушиле унутрашњи слатки Божији глас.

Бог је дао свакоме од нас унутрашњи тихи храм, у који нико други не може ући. Ту можемо бити са Богом. Не треба много да причамо о томе. И то нас не удаљава од наших најмилијих, већ заслађује, јача и чини трајнијима све наше односе.

Када идемо директно ка Извору одакле долазе све љубави – љубав родитеља према детету, детета према родитељу, мужа према жени, жене према мужу и пријатеља према пријатељу – пијемо из фонтане која нас испуњава изван свих наших очекивања.

Дубоко разговарајте са овим Богом бескрајне љубави, који вас увек чека у храму медитације.

Увек запамтите: Бог се бави директно оним што је у вашем срцу.

Бог нам је дао слободу мисли и приватност у светишту нашег ума. У ту слободу и приватност нико не може задирати. Тиме је сваком од нас дао неограничену могућност да искажемо љубав према Њему и да разговарамо са Њим. Нико не мора да зна за наше тихо унутрашње обожавање – слатку и свету размену љубави и радости.

Љубав је једини данак који можемо дати и који је достојан Бога.

Бога привлачи саосећајно срце. Он долази код поклоника чистог срца који се односи према Њему као Ономе скривеном у сваком облику. Замишљајте сваку особу као никог другог до самог Господа, који носи маску, да видите како ћете реаговати.

Потрудите се да осећате оно што Бог осећа за свако од Своје деце. Такву доброту и бригу можемо развијати ако у опхођењу са другима имамо на уму тиху молитву: „Господе, допусти ми да осетим Твоју љубав према овој души"...

Сва бића одговарају на љубав. Свети Фрања је био толико уроњен у божанској љубави да су чак и бојажљива и непријатељска Божија створења изгубила страх и агресију у његовом присуству. Онај ко је одашиљач божанске љубави постаје духовно магнетичан, зрачећи моћ која хармонизује несклад.

У хиндуистичким светим списима је записано: „Треба опростити, под било којом увредом... Опростом се универзум држи заједно. Опраштање је моћ моћних; опраштање је жртва; опраштање је тишина ума. Опраштање и племенитост су особине оних који поседују самоконтролу. Они представљају вечну врлину."

Трудите се да живите у складу са овим идеалом, пружајући свима љубазност и исцељујућу љубав. Тада ћете осетити како Божија свеобухватна љубав тече у вашим сопственим срцима.

Не дозволите себи да будете превише осетљиви, стално узбуркани емоцијама, захтевима тела и спољашњим условима. Покушајте да останете у унутрашњој тишини душе. Ту је ваш прави дом.

Годинама ми на столу стоји овај инспиративни цитат:

„Понизност је трајна тишина срца. Да немамо невоље. Да никада не будемо забринути, узнемирени, раздражљиви, рањиви или разочарани."

„Да не очекујемо ништа, да се не чудимо ничему што нам је учињено, да ништа не осећамо да је против нас. Да будемо у миру када нас нико не хвали, и када смо окривљени и презрени."

„Да имамо благословени дом у себи, у који можемо ући и затворити врата и клечати пред Оцем у тајности, те бити смирени као у дубоком мору мира, када је све око нас узнемирено."*

Таква сигурност и смиреност се могу постићи када је ум фокусиран на Бога.

*Канон Т.Т. Картер (1809-1901)

Када смо испуњени узнемирујућим емоцијама, повређеним осећањима и немирним жељама, да ли знате шта заиста није у реду? У корену ових патњи је усамљеност и унутрашња празнина која произилази из непознавања Бога. Наше душе се сећају савршене љубави коју смо некада окусили у потпуном јединству са Божанским вољеним, и ми плачемо у дивљини овог света да поново имамо ту љубав.

Мир и хармонија које сви тако хитно траже не могу се стећи из материјалних ствари или било каквог спољашњег искуства; једноставно није могуће. Можда ћете посматрајући прелеп залазак сунца или кад одете на планину или море осетити привремени спокој. Али чак и најинспиративније окружење неће вам дати мира ако сте нехармонични у свом бићу.

Тајна уношења хармоније у спољашње околности вашег живота је да успоставите унутрашњу хармонију са својом душом и са Богом.

Бог је створио свако људско биће по слици својој, божанској слици која је у сваком од нас – *атман*, или душа... Када противречите тој природи, постајете лоши, нервозни, раздражљиви, незадовољни, жртва ниског самопоштовања и других психолошких неуравнотежености. Али када поново успоставите божанску везу између своје душе и Бога, заиста ћете научити како да живите. Постаћете свесни велике реке мира, љубави и блаженства која непрестано тече кроз вас, испуњавајући вас заувек.

„*Господе, Ти си у мени, ја сам у Теби.*" Пустите ум да се задржи на овој мисаоној афирмацији... Уз непрекидно понављање осетите истину онога што афирмишете: осетите да се Божји живот у изобиљу улива у вас као снага, мир, вођство, радост – шта год да је ваша материјална, емоционална или духовна потреба. Осетите да се стежући зидови страха, ограничења, слабости и усамљености топе док се ваше биће шири у Његов свеприсутни загрљај.

Схватите да нисмо сами, да никада нисмо били и никада нећемо бити сами.

Бог нема фаворите. Он воли сваког од нас као што воли Своје највеће свеце.

У хиндуистичким светим списима пише да само спомињање Божијег имена може дати човеку спасење. Када сам ово први пут прочитала, нисам разумела како је то могуће. Али сам научила да *јесте* могуће када се иза те менталне молитве крије сва чежња наше душе: „Господе мој, само Тебе волим, само Тебе желим, само Тебе жудим."

Многи трагаоци су ми рекли: „Али *ја се молим*." Хришћанин може рећи: „Молим се сваки дан већ двадесет и три године"; Муслиман: „Веран сам у обављању намаза већ двадесет и три године"; а Хиндуиста: „Практиковао сам ђапу или радио пуђу". Али и даље се свако жали: „Не осећам да сам напредовао. Мој ум је тако немиран. Тако сам нервозан. Зашто је тако?" То је зато што су ове праксе постале механичке. Не можете придобити љубав било кога половичним или механички изговореним речима љубави. Љубав мора доћи из срца. То је оно што тако често недостаје духовним праксама.

Средства за проналажење Бога су многа, али основно за све њих је потреба за преданошћу. Шта је темељ свих односа међу људима, шта их спаја, него љубав? Шта нас привлачи детету него љубав? Шта нас привлачи сваком појединцу него љубав? То је огромна сила у овом свету. Када пажљиво погледате дете и кажете: „Волим те, дете моје", малишан вам верује. Али ако мајка каже: „Волим те", док је њена пажња усмерена негде другде, дете каже: „Мама, погледај *ме*. Реци то *мени*." Зар не претпостављате да Божанско осећа исто?

У *Багавад Гити* Господ каже: „Онај ко Ме посматра увек, њега ја гледам. Он Ме никада не губи из вида, а ја никада не губим из вида њега." Молим се да од овог тренутка тихо посматрате тог Вољеног. Он се нас увек сећа; ми смо ти који смо заборавни.

Обратимо се том Вољеном са преданошћу; али мимо преданости, будите у стању да кажете: „Волим Те, Боже. Ти си мој. Не бих могао никога да волим – ни своје дете, ни своје родитеље, ни свог мужа, ни своју жену, ни било кога – да Ти ниси усадио у мене ову моћ да волим. Тако да, изнад свега, ја волим Тебе. Волим Те, Боже."

Највећа радост коју можете икада да искусите је у тихом разговору са Божанским језиком душе. Његова љубав је та која нас никада неће разочарати; говорим из вишегодишњег искуства. Зато вас позивам: волите Бога, волите Бога, волите Бога.

Опијте се са Њим који је Љубав.

Научите да развијете тако сладак однос са Богом да сваки пут када сте разочарани, сваки пут када имате неку фрустрацију у свом животу, схватите да то долази од Бога да вас подсети да Га не заборавите.

Како је дивно имати такву врсту односа са Божанском Мајком у ком осећате да Она никада није одсутна, чак ни у временима невоље и стреса. Када негујете ту блискост, можете разговарати са Њом о било чему, и осетити Њен слатки одговор и сигурност. Не ради се о томе да јој прилазите са самоправедношћу или са ставом да се осећате малтретираним; већ као дете које иде својој мајци, које може повући поруб Њснс хаљине и рећи: „Погледај, Божанска Мајко, шта ми радиш?"

Невоља не долази да нас уништи или казни, већ да нам помогне да се пробуди непобедивост у нашим душама... Болна искушења кроз која пролазимо само су сенка Божје руке, испружене у благослову. Господ је веома нестрпљив да нас извуче из ове *маје*, овог проблематичног света дуалности. Кроз које год потешкоће нам Он дозвољава да прођемо, неопходне су да бисмо убрзали наш повратак Њему.

Разговарајте са Њим попут детета. Ако то будете радили сваке ноћи, ваш живот ће постати усидрен у Њему. Постаћете као снажно дрво, које се њише на ветру, али се никад не сломи. Крхко дрво пуца и пада у само малом налету ветра. Божји поклоник учи да се савија са животним искуствима, без да се сломи. Његови корени су усидрени дубоко у Божанском.

Најједноставнији начин да добијемо животну битку је да мисао о Богу држимо у првом плану у нашој свести.

Постоји неколико кључних ствари које нам омогућавају да будемо изузетно активни, а да ипак не изгубимо унутрашњи мир или равнотежу. Прва од њих је да сваки дан започнемо периодом медитације. Људи који не медитирају, никада не могу да сазнају какав огроман мир испуњава свест када ум зађе дубоко унутра. Не можете мислима проћи свој пут у то стање мира; оно постоји изван свесног ума и мисаоних процеса. Зато су технике јога медитације којима нас је учио Парамаханса Јогананда тако сјајне; цео свет треба да научи да их користи. Када их правилно практикујете, ви заиста осећате да пливате у океану мира у себи. Започните свој дан тако што ћете усидрити ум у том унутрашњем спокоју.

Док радите, с времена на време застаните и запитајте се: „Где је моја свест? Да ли мој ум у тишини посматра Бога изнутра, или је изгубљен у овим спољашњим бригама?" Ако медитирате, а затим покушавате током активности да задржите ум усредсређен на Божанско, ауматски почињете да изражавате равнотежу у свом животу. И постајете смиреније људско биће – не делујући из емоција, већ из дубљег стања унутрашњег спокојства.

Усред интензивне активности, када хрпа проблема истовремено захтева вашу пажњу, прави је изазов бити у стању да изненада престанете са оним што радите и помислите: „Мој вољени Боже, јеси ли још увек са мном?" Када ваш тихи позив Њему открије Његово утешно присуство, тада знате да духовно напредујете.

Ако се придржавате оног што вам предлажем, доћи ће време када ће ваша свест остати непрекидно у медитативном стању – увек са Богом. Поклоник на крају постаје попут брата Лоренса: било да је чистио подове или се клањао Богу пред олтаром, његов ум је непрестано био заокупљен Богом.* То је стање у које желите да дођете; али за то је потребан напор – не долази из маште. На крају ћете открити да чак и док радите свој посао, кад год на тренутак усмерите ум ка унутра, осетићете врели бунар преданости, радости, мудрости. Рећи ћете: „Ах, Он је са мном!" Ово је плод медитације у ком се може уживати у било које време, у тихом заједништву или усред активности.

* Брат Лоренс (1614-1691) био је аутор класика посвећеног богослужењу „*Практиковање Божјег присуства*".

Љубав је једина реалност; ништа друго у животу нема трајну привлачност или интерес за душу. Пре много година рекла сам Парамаханси Јогананди: „Постоји једна ствар за којом чезнем у животу, а то је љубав; али желим да је примим од Бога."

Његов одговор ме је дубоко дирнуо: „Онда ти саветујем ово: Пренеси ту чежњу у медитацију; медитирај дубоко, толико дубоко да се твој ум испуни ничим другим осим том жељом за божанском љубављу, према Богу; и спознаћеш Онога који је Љубав."

Потражите осамљени кутак у свом дому где можете бити сами. Било да сте тешка срца, или испуњени весељем и душевним миром, седите тихо и разговарајте са Богом језиком своје душе. Ако истрајете, сигурно ћете наћи Његов одговор; другачије не може бити. Што више разговарате са Њим – не у усиљеним папагајским молитвама, већ у личном обраћању Њему у дубини свог срца – то ћете више видети да на најнеочекиваније начине почињете да осећате Његов одговор у себи. *Можемо* познавати Бога; *можемо* да комуницирамо са Њим и осетимо Његову љубав у нашим животима.

Ниједна љубав не може да се мери са љубављу Божијом.

Молите Му се језиком своје душе: „Ти си тик иза мојих мисли, тик иза мог срца, тик иза мог даха, тик иза љубави коју примам од својих најмилијих. То си све Ти – само Ти." Само Бог је са нама када дођемо на овај свет. Он је тај који управља нашим животима, ако му само дозволимо. И само ће Он бити са нама када напустимо овај свет.

Дубоко, дубоко призивајте Бога. Разговарајте са Њим језиком свог срца. Растеретите се. Без обзира на ваше грешке, не плашите се да одете к Њему. Он зна шта смо ми; ништа није скривено од Њега. Запамтите да је Он сама Љубав – тако саосећајан, тако пун разумевања. Бог зна колико је јака заблуда коју је унео у овај свет. Да би нам помогао да је избегнемо, Он нас непрестано подстиче: „Обрати се Мени, обрати се Мени. Дај ми своју љубав. Држи се Мене!"

Никада не држите Бога на дистанци. Никада! Он је најближи од најближих, најдражи од најдражих, најближи од оних који су нам блиски.

Наш однос са Богом постаје веома једноставан и сладак када се трудимо да се сетимо колико нам је Он близак у сваком тренутку. Ако тражимо чудесне демонстрације или невероватне резултате у нашој потрази за Богом, можемо превидети многе начине на које нам Он долази у сваком тренутку.

„Радујте се свагда", каже нам Свето писмо. „Молите се Богу без престанка. На свему захваљујте." Када са захвалношћу признајемо љубав нашег Небеског Оца, продубљујемо своје усклађивање са Њим. Захвалност отвара срце за обиље Божје љубави у њеним бројним изразима.

Током дана, кад год неко учини нешто да вам помогне, видите Божију руку у давању тог дара. Када неко каже нешто лепо о вама, чујте глас Божији иза тих речи. Када нешто добро или лепо украси ваш живот, осетите да долази од Бога. Повежите све у свом животу са Богом.

Препознајте добро у сваком тренутку, у сваком искуству, гледајући на Дародавца са захвалним срцем.

Бог одговара онима који имају једноставну, пуну љубави, поверљиву природу детета према мајци – отворену и пријемчиву.

Када анксиозност, напетост и немирно нестрпљење замагљују вашу свест, нећете моћи да видите Божије присуство у себи. Мора постојати мирно, тихо чекање. Рабиндранат Тагоре је то лепо изразио овим речима:

„Зар ниси чуо Његове тихе кораке?
Он долази, долази, увек долази."

Поклоник мора да остане у унутрашњој тишини, са ставом преданог, обожаваног чекања. Тада почиње да опажа ту Радост, ту Љубав, то Божанско присуство које извире у њему: „Он долази, долази, увек долази".

Како будете истрајали, решавајући да никада не одустанете, почећете да увиђате да у вама расте слаткоћа која превазилази све о чему сте икада сањали – заједништво са Божанским којег ништа не може да дотакне... Када будете имали такав однос са Богом, заиста ћете уживати у животу.

Ако волите Бога, ваш ум је увек усредсређен на Њега. Почивате на вечној истини уместо да вас разбацују сталне неизвесности смртног постојања. Постајете уроњени у мир и тишину дубоког океана Његовог присуства унутра, где вас никакве површинске олује не могу узнемирити. Тада немате несигурности – немате страх од губитка или повреде, па чак ни од смрти.

Ово је цела сврха живота. Пронађите Бога. Будите у љубави са Богом.

О Аутору

Шри Даја Мата (1914-2010) је била једна од најистакнутијих ученица Парамахансе Јогананде, који се надалеко сматра једном од великих духовних личности нашег времена. Права „Мајка саосећања", као што јој име каже, инспирисала је људе свих вера и из свих сфера живота кроз своје говоре, записе и снимке. Служила је као духовни вођа друштва Self-Realization Fellowship више од 55 година, од 1955. до њене смрти 2010. године.

Парамаханса Јогананда

Парамаханса Јогананда (1893–1952) је нашироко уважен као један од истакнутих духовних личности нашег времена. Родио се у северној Индији, а у Сједињене Америчке Државе је дошао 1920. године где је више од тридесет година подучавао древну индијску науку медитације и умеће уравнотеженог духовног живота. Његова хвале вредна животна прича, Аутобиографија једног јогија, као и бројне друге књиге, милионима људи су представиле вечну мудрост Истока. Данас се његов духовни и хуманитарни рад наставља под вођством друштва Self-Realization Fellowship, међународног друштва којег је Парамаханса Јогананда основао 1920. године како би ширио своја учења широм света.

Књиге на Српском језику које је написао Парамаханса Јогананда

Доступне у књижарама или директно од издавача:
Self-Realization Fellowship

3880 San Rafael Avenue
Los Angeles, California 90065-3219
тел. +1 (323) 225-2471 • факс: +1 (323) 225-5088

www.srfbooks.org

Аутобиографија Једног Јогија

Како да разговарате с Богом

Закон Успеха

Књиге на Енглеском које је написао Парамаханса Јогананда

Autobiography of a Yogi

God Talks with Arjuna; The Bhagavad Gita
A New Translation and Commentary

The Second Coming of Christ:
The Resurrection of the Christ Within You
A Revelatory Commentary on the Original Teachings of Jesus

The Yoga of the Bhagavad Gita

The Yoga of Jesus

The Collected Talks and Essays
Volume I: **Man's Eternal Quest**

Volume II: **The Divine Romance**

Volume III: **Journey to Self-Realization**

Wine of the Mystic:
The Rubaiyat of Omar Khayyam –
A Spiritual Interpretation

Songs of the Soul

Whispers from Eternity

Scientific Healing Affirmations

In the Sanctuary of the Soul:
A Guide to Effective Prayer

The Science of Religion

Metaphysical Meditations

Where There Is Light:
Insight and Inspiration for Meeting Life's Challenges

Sayings of Paramahansa Yogananda

Inner Peace:
How to Be Calmly Active and Actively Calm

Living Fearlessly:
Bringing Out Your Inner Soul Strength

The Law of Success

How You Can Talk With God

Why God Permits Evil and How to Rise Above It

To Be Victorious in Life

Cosmic Chants

Аудио Снимци Парамаханса Јогананда

Beholding the One in All

The Great Light of God

Songs of My Heart

To Make Heaven on Earth

Removing All Sorrow and Suffering

Follow the Path of Christ, Krishna, and the Masters

Awake in the Cosmic Dream

Be a Smile Millionaire

One Life Versus Reincarnation

In the Glory of the Spirit

Self-Realization: The Inner and the Outer Path

Остала издања
Self-Realization Fellowship

The Holy Science
— Swami Sri Yukteswar

Only Love:
Living the Spiritual Life in a Changing World
— Sri Daya Mata

Finding the Joy Within You:
Personal Counsel for God-Centered Living
— Sri Daya Mata

Intuition:
Soul Guidance for Life's Decisions
— Sri Daya Mata

God Alone
The Life and Letters of a Saint
— Sri Gyanamata

"Mejda"
The Family and the Early Life of Paramahansa Yogananda
— Sananda Lal Ghosh

Self-Realization
(часопис којег је покренуо
Парамаханса Јогананда 1925. године)

ДВД (документарни филм)

AWAKE: The Life of Yogananda.
Награђивани документарац о животу и раду
Парамахансе Јогананде

Друге књиге и снимци од Шри Даја Мате

Књиге

Only Love:
Living the Spiritual Life in a Changing World

Finding the Joy Within You:
Personal Counsel for God-Centered Living

Intuition:
Soul-Guidance for Life's Decisions

Компакт дискови (ЦД)

"My Spirit Shall Live On...":

The Final Days of Paramahansa Yogananda

Free Yourself From Tension

Moral Courage

Karma Yoga

God First

Understanding the Soul's Need for God

Let Us Be Thankful

Anchoring Your Life in God

Is Meditation on God Compatible With Modern Life?

A Heart Aflame

Living a God-Centered Life

Let Every Day Be Christmas

Finding God in Daily Life

Strengthening the Power of the Mind

The Way to Peace, Humility, and Love for God

Компакт дискови (ЦД)

A Scripture of Love

Him I Shall Follow: Remembrances of My Life

With Paramahansa Yogananda

Security in a World of Change

Living in the Love of God

Fulfilling the Soul's Deepest Needs

Opening Your Heart to God's Presence

Finding Divine Peace and Balance

*The Second Coming of Christ:
Making of a Scripture*

www.ingramcontent.com/pod-product-compliance
Lightning Source LLC
Chambersburg PA
CBHW020007050426
42450CB00005B/349